Bettina Matthaei

chutneys & relishes

Raffinierte Genüsse und aromatische Geschenke aus der Küche

Fotos: Walter Pfisterer

IMPRESSUM

ISBN 978-3-7750-0623-1

© 2012 Walter Hädecke Verlag, Weil der Stadt, www.haedecke-verlag.de

4 3 2 1 | 2015 2014 2013 2012

Lektorat: Monika Graff

Satz und Layout: Julia Graff, Design & Produktion, Stuttgart
Gesetzt in der FF Megano von Xavier Dupré / FontFont

Foodstyling: Zuzana Vintiškova

Fotos: alle Walter Pfisterer, Stuttgart, mit Ausnahme der Bilder auf Seite 7 (von links nach rechts: iStockphoto © KAppleyard, © Paul Johnson, © Roberto A Sanchez und © elkor)

Reproduktionen: snap Studio, Stuttgart

Druck: BOSCH DRUCK

Printed in Germany 2012

ABKÜRZUNGEN

g = Gramm

kg = Kilogramm

ml = Milliliter (1/1000 Liter)

l = Liter

EL = Esslöffel (≙ 15 ml)

TL = Teelöffel (≙ 5 ml)

INHALT

VORWORT 4

GRUNDLAGEN 6

VERZEICHNIS 70

ANANAS-CHUTNEY
10

AUBERGINEN-CHUTNEY
12

BANANEN-CHUTNEY
14

SAFRAN-BIRNEN
16

BLAUBEER-CHUTNEY
19

CASSIS-CHUTNEY
20

ERDBEER-CHUTNEY
22

GURKEN-RELISH
24

INGWER IN APFELSIRUP
26

JALAPEÑO-RELISH
28

KORINTHEN-CHUTNEY
30

KÜRBIS-RELISH
33

LIMETTEN-KOKOS-CHUTNEY
35

MANGO-CHUTNEY
37

MARONEN-CHUTNEY
38

MELONEN-CHUTNEY
40

MÖHREN-RELISH
42

OLIVEN-RELISH
44

ZESTEN IN ORANGEN-VANILLESIRUP
46

ROTES PAPRIKA-RELISH
48

PFLAUMEN-CHUTNEY
50

PREISELBEER-CHUTNEY
53

SENF-ROSINEN
54

ROTE-BETE-RELISH
56

TOMATEN-RELISH
58

TROCKEN-FRÜCHTE-CHUTNEY
60

WASSER-MELONEN-RELISH
63

ZITRONEN-RELISH
65

ZUCCHINI-RELISH
66

ROTE-HONIG-ZWIEBELN
69

VORWORT

Ich liebe intensiv Würziges, das aufregende Zusammenspiel aller Geschmacksnuancen. Spannend und harmonisch, ausgewogen und kontrastreich. Perfekt aufeinander abgestimmte Aromen. In kleinster Menge ein Maximum an Geschmack. Jeder Bissen eine Entdeckung. Konzentrierter Genuss.

Bei aller Liebe zum Kochen und Genießen habe ich nicht immer die Zeit, um so zu kochen, wie ich es mag. Doch zum Glück stehen immer einige Gläser Chutney oder Relish im Schrank: griffbereit und vielseitig einsetzbar, gerade wenn unerwarteter Besuch kommt. Schnell serviert zum kräftigen Bergkäse, sahnigen Brie, würzigen Gorgonzola oder zum milden Ziegenfrischkäse. Noch ein Glas Rotwein und ein Stück Brot – und der Abend ist gerettet! Chutneys machen aber auch Schinken, ein Stück Geflügel oder einen Bratenrest zum kulinarischen Vergnügen. Sie geben Saucen und Dips eine besondere Note und ergänzen facettenreich Fondue-, Raclette- und Grillgerichte.

Auch bei Nachspeisen mag ich intensive Aromen. Dafür habe ich Ingwer, Orangenschalen oder Früchte in gewürzten Sirup eingelegt. So wird Eiscreme, Mousse, Panna cotta oder frische Melone ganz einfach zum aufregenden Geschmacksabenteuer.

Lassen Sie sich inspirieren!

Ihre Bettina Matthaei

GRUNDLAGEN

CHUTNEY UND RELISH – DER FEINE UNTERSCHIED

Beides sind pikante Zubereitungen aus Früchten und/
oder Gemüse, oft mit Zwiebeln, Knoblauch, Chili und
Gewürzen und haltbar gemacht durch Essig und
Zucker. Von einem Chutney erwartet man meist eine
fruchtbetonte, marmeladenähnliche Konsistenz. Ein
Relish besteht zum größeren Teil aus Gemüse, das oft
etwas stückig bleibt und mit weniger Zucker auskommt
oder mehr Essig enthält.

Doch die Grenzen sind fließend, so gibt es auch
Chutneys mit gröberer Struktur und Relishes mit
hohem Zuckeranteil. Und es gibt Rezepte, in denen
Früchte und Gemüse in etwa gleichen Mengen
enthalten sind, sodass eine eindeutige Zuordnung
schwer ist. Selbst Küchenprofis haben Probleme, den
Unterschied klar zu definieren. Doch schlussendlich
ändert das nichts an dem Genuss, den Chutneys und
Relishes uns bereiten.

DIE ART DER ZUBEREITUNG

Es gibt Chutney-Rezepte, in denen alle Zutaten klein
geschnitten werden und gleichzeitig in den Topf
kommen. Das ist praktisch und schön einfach. Ich
bevorzuge jedoch die Art, bei der Zwiebeln und
Knoblauch zunächst in etwas Öl glasig angeschwitzt
werden, weil der Geschmack für mich dadurch runder
wird. Wichtig beim Kochen von Chutneys ist ein
ausreichend großer Topf, denn die heiße Masse neigt
zum Spritzen. Ich bevorzuge übrigens einen beschich-
teten Wok, in dem nichts so leicht ansetzt und bei dem
das Rühren einfach und angenehm ist. Durch die große
Oberfläche verdunstet die Flüssigkeit schneller und das
Chutney dickt eher ein.

VORBEREITUNG DER ZUTATEN

Alle Zutaten sollten möglichst schon zu Beginn fertig geputzt und geschnitten sein, zumindest die Zutaten, die im ersten Kochvorgang verwendet werden. Folgt dann ein längeres Kochen, bei dem nicht ständig gerührt werden muss, kann man auch noch die Zutaten zerkleinern, die später hinzukommen. Spätestens, wenn das Chutney stark eingekocht ist, neigt es dazu, anzubrennen und muss ständig gerührt werden. Dann ist es wirklich hilfreich, alle weiteren Zutaten griffbereit zu haben.

VORBEREITUNG DER GLÄSER

Ich benutze am liebsten kleine Gläser mit weitem Hals, die sich leicht befüllen lassen, vorzugsweise Gläser mit Twist-Off-Deckeln.
Damit die Chutneys auch lange haltbar sind, müssen die Gläser und Deckel unbedingt sterilisiert werden. Zunächst sehr gründlich mit heißem Wasser und Spülmittel waschen, am besten in der Spülmaschine. Die Gläser anschließend in den kalten Ofen stellen und diesen auf 150 °C aufheizen. Nach 15 Minuten sind die Gläser einsatzbereit. Dann die Deckel in einer Schüssel mit kochend heißem Wasser übergießen. Anschließend Gläser und abgetropfte Deckel auf ein sauberes Küchentuch stellen. Zum Hantieren mit den heißen Gläsern haben sich bei mir Küchenzange und dicke Baumwollhandschuhe bewährt.
Wenn die Zeit für die Ofenmethode zu knapp ist, kann man auch die sauber gewaschenen Gläser mit kochend heißem Wasser füllen. Nach fünf Minuten sind sie ebenfalls einsatzbereit.

DAS BEFÜLLEN DER GLÄSER

Haben die Gläser eine enge Öffnung, ist ein Marmeladentrichter hilfreich. Bei den Weithalsgläsern benutze ich lieber eine kleine Saucenkelle, mit der ich die heiße Masse gleich andrücken kann, so dass sich möglichst keine Luftblasen bilden. Die Chutneys und die meisten Relishes fülle ich bis zum Rand ein, drehe die Deckel fest zu und stelle sie für zehn Minuten auf den Kopf. Anschließend wieder umdrehen und abkühlen lassen. Bei sehr flüssigen Relishes und den in Sirup eingelegten Schalen und Früchten verzichte ich darauf, die Gläser auf den Kopf zu stellen, weil oft ein wenig Sirup am Deckel hervorquillt und die Gläser dann sehr klebrig macht.

DIE MENGEN

Die meisten Rezepte ergeben vier Gläser à 230 ml. Jedoch richtet sich manchmal die Menge einiger Zutaten nach den üblichen Packungseinheiten, z. B. 500 g vorgegarte Rote Bete im Folienpack. Hier habe ich die anderen Zutaten dieser Menge angepasst. Und je nach gewünschter Konsistenz oder Kocheigenschaften des Herdes u. a. können die Mengen natürlich variieren. Wenn man regelmäßig leere kleine Gläser von Senf oder Kapern sammelt, kann man diese sehr gut für solche Mehr-Mengen verwenden.

DIE HALTBARKEIT

Die meisten Chutneys und Relishes sind aufgrund ihres Zucker- und Essiganteils neun bis zwölf Monate haltbar. Nach dem Öffnen sollten sie unbedingt in den Kühl-

schrank gestellt und innerhalb von zwei bis vier Wochen verbraucht werden.

Umgekehrt sollte man ihnen genug Zeit geben, um zu „reifen". Die meisten Chutneys entwickeln ihren vollen Geschmack nach ca. vier Wochen.

KLEINES EXTRA

Für alle, die eine schnelle, raffinierte Beilage zum Essen suchen, habe ich zu fast allen Rezepten eine Variante unter dem Stichwort „weitere Rezeptidee" geschrieben, sei es Salsa, Sauce, frisches Chutney oder ein Gemüse-gericht. Da diese „frischen" Zubereitungen nicht lange halten müssen, kommen sie mit einem Bruchteil an Zucker und Essig aus – schmecken aber mindestens so köstlich wie die eingemachte Version.

BESONDERE ZUTATEN

Möglicherweise sind dem einen oder anderen nicht alle Zutaten geläufig oder es dient dem Geschmack, eine spezielle Kräuter- oder Gewürzart zu verwenden.

Daher folgt hier eine Übersicht derjenigen Zutaten, die oft das besondere Etwas in der Rezeptur ausmachen und die es im gut sortieren Gewürzfachhandel gibt.

Aceto balsamico ✺ Der edelste und teuerste heißt *Aceto balsamico Tradizionale di Modena*. Dafür reift eingekochter Most aus weißen Trauben mindestens 12 oder 25 Jahre in verschiedenen Holzfässern, bis er rötlich-bräunlich und dickflüssig ist. Diese handge-machten Kostbarkeiten werden in kleinen Flaschen angeboten und nur tropfenweise verwendet.
Für Chutneys verwendet man weniger kostbare Sorten. *Aceto balsamico di Modena* ist kein geschützter Begriff und daher ist es wichtig, dass auf der Zutatenliste an erster Stelle Traubenmost und erst an zweiter Stelle Weinessig steht. Zuckercouleur, Karamell, Verdickungs-mittel oder Aromastoffe weisen auf geringe Qualität des Balsamicos hin.
Aceto balsamico bianco ist ein Produkt aus Trauben-mostkonzentrat und Weinessig. Er ist hell und frisch-säuerlich, aber weniger sauer als z. B. Apfel- oder Weinessig.

Apfelbalsamessig besteht aus Apfelsaftkonzentrat und Apfelessig und reift mehrere Jahre in Holzfässern. Er ist bernsteinfarben, dickflüssig und schmeckt mild süß-säuerlich.

Chili ancho ✺ wird traditionell in *Moles,* den mexikanischen Saucen, verwendet. Das braune Pulver schmeckt süßlich, etwas schokoladig und nach Backpflaumen. Es ist nur mäßig scharf (Grad 3 auf einer Schärfeskala von 1 bis 10).

Chili jalapeño / Jalapeños ✺ sind mittelscharfe grüne Chilischoten (Schärfegrad 5 auf einer Skala von 1 bis 10) mit kegelförmigem Äußeren. Sie werden frisch oder eingelegt verwendet und sind eine häufige Zutat in der mexikanischen Küche.

Chili pasilla ✺ Rotbraunes Pulver – schmeckt fruchtig nach Rosinen und hat einen Schärfegrad von 4.

Chiliflocken ✺ sind Chilischoten, die im Ganzen getrocknet und dann zerkleinert werden (auch als *Chiliflakes* oder *Chili crushed* erhältlich). Besonders aromatisch sind Qualitäten, die keine Kerne enthalten. Man kann Chiliflocken auch selbst herstellen: Dazu die getrocknete Schoten aufbrechen, Kerne herausschütteln, Stielansätze entfernen und die Schoten im Blitzhacker zerkleinern.

Granatapfelwürzsaft ✺ In der türkischen und arabischen Küche wird dieser ungesüßte Granatapfelsaft (auch: *Granatapfelmelasse*) aus unreifen Früchten als Ersatz für Zitronensaft verwendet. Nicht zu vergleichen mit Granatapfelsirup (Grenadine). In türkischen Geschäften auch unter dem Namen *Nar ekşisi* erhältlich.

Kaffirlimettenblätter ✺ werden wie Lorbeerblätter im Ganzen mitgekocht. Oder man entfernt die dicke Mittelnaht und schneidet die Blätter in millimeterfeine Streifen. Frische Limettenblätter lassen sich sehr gut einfrieren. Getrocknete Limettenblätter sind aufgrund ihres Aromas nur ein schwacher Ersatz.

Kakaobohnensplitter ✺ sind geröstete und gehackte Kakaobohnen, die auch als *Kakao Nibs* im Handel sind. Gute Qualitäten kommen z. B. aus Venezuela. Man bekommt sie in Schokoladenläden oder über Spezialversender im Internet.

Langpfeffer ✺ Die aus Indonesien stammenden stangenförmigen Pfefferfrüchte haben eine kräftige Schärfe und schmecken dabei süßlich und angenehm. Man kann sie im Ganzen mitkochen oder in Stücke brechen und in der Pfeffermühle mahlen. Größere Exemplare lassen sich auch reiben.

Minze ✺ In getrockneter Form wird hauptsächlich die echte (Pfeffer-)Minze *Mentha x piperita* angeboten, die einen hohen Mentholgehalt und einen scharfen Geschmack besitzt. Deutlich milder ist Nane-Minze, die der marokkanischen Minze ähnlich, und oft in türkischen und nordafrikanischen Lebensmittelläden erhältlich ist. Es gibt aber auch aromatische Sorten wie Orangenminze, Apfelminze, Zitronenminze oder Schokoladenminze – diese sollten besser frisch verwendet werden.

Rosa Pfefferbeeren ✺ – auch *Schinus terebinthifolius* – sind die Früchte eines Sumachgewächses und haben mit den „echten" Pfefferkörnern *(Piper)* nichts gemeinsam. Sie sind nicht zu verwechseln mit rotem Pfeffer, der reifer, ungeschälter Pfeffer ist und ähnlich wie grüner Pfeffer auch eingelegt verkauft wird.

Pimentón de la Vera dulce (süß) und ~ picante (scharf) ◎ Zwei spanische Paprikapulver, die aus süßen bzw. schärferen Gewürzpaprikaschoten hergestellt werden. Typisch für beide ist das deutliche Raucharoma, da die Schoten im Eichenholzrauch getrocknet werden. Räucherpaprika gibt z. B. der berühmten Chorizo-Wurst ihren unverwechselbaren Geschmack.

Salzkapern ◎ Mit Meersalz haltbar gemachte Kapern sollten vor der Verwendung gut gewässert werden, danach schmecken sie aber absolut unverfälscht. In Essig eingelegte Kapern nehmen hingegen den Essiggeschmack stark an, der durch Wässern zwar gemildert, aber nie ganz entfernt werden kann. Für echte Kapern werden die geschlossenen Blütenknospen des Kapernstrauchs verwendet.

Sambal oelek ◎ ist eine beißend scharfe, indonesische Paste aus frischen Chilis, Essig und Salz. Für mildere Sambals wie Sambal manis werden zusätzlich Zwiebeln, Knoblauch, Tamarinden- oder Limettensaft und Zucker verwendet. Sambal badjak enthält u. a. Ketjap manis, eine dickflüssige, süße Würzsauce aus Sojasauce, Zucker und Gewürzen.

Sivri ◎ sind die türkischen grünen und roten Chilischoten, die länglich, spitz und leicht gekrümmt sind. Die grünen Lang-Chilis werden oft sauer eingelegt und häufig zum Bauernsalat serviert. Der Schärfegrad variiert von mild (Stufe 1) bis relativ scharf (Stufe 4).

Sumach ◎ Gewürzsumach (*Rhus coriaria*) kommt von Sizilien, aus dem Iran und der Türkei. Die kleinen, in Rispen wachsenden Steinfrüchte werden meist gemahlen als rötlich-bräunliches, leicht grobes Pulver angeboten, oft unter Zusatz von etwas Salz, um den Trocknungsprozess zu beschleunigen. Es wird als Streugewürz und zum Säuern verwendet, riecht essigartig und schmeckt säuerlich-herb.

Tonkabohnen ◎ Die schwarzen „Bohnen" haben ein üppiges, schweres Aroma, das an Bittermandeln und Vanille erinnert. Verantwortlich dafür ist der hohe Cumaringehalt, weshalb Tonka auch nur sparsam verwendet werden sollte. Tonka lässt sich wie Muskatnuss reiben.

Wattleseed ◎ Die aus Australien stammenden gerösteten Akaziensamen werden als etwas grobes, braunes Pulver angeboten. Sie haben ein ausgeprägtes Aroma, das an geröstete Haselnüsse, Kaffee- und Kakaobohnen erinnert.

Zimtblüten, gemahlen ◎ Im Gegensatz zum süßlichen, sanft holzigen Zimtpulver entwickeln Zimtblüten beim Mahlen ein überraschend nussiges Röstaroma. Der typische Zimtgeschmack ist dabei eher hintergründig und wärmer.

Zitronenmyrte ◎ häufig auch als Lemon Myrtle angeboten, ist ein aus Australien stammendes Kraut aus der Familie der Myrtengewächse (*Myrtaceae*). Es werden die Blätter – frisch und getrocknet – verwendet, deren Geschmack frisch und deren Duft „zitroniger" als der einer Zitrone ist. Kaffirlimettenblätter, Zitronenverbene und Zitronenmelisse können, je nach Rezept, als Alternative verwendet werden.

ANANAS-CHUTNEY

Fruchtig-exotisch, angenehm scharf

FÜR 4–5 GLÄSER À 230 ML

300 g **weiße Zwiebeln**

2 EL **Rapsöl**

100 g **getrocknete Aprikosen**

20 g **Ingwer**

100 g **ungesalzene Cashewkerne**

1 TL **Salz**

2–3 TL **scharfes Currypulver (oder nach Geschmack)**

200 g **Zucker**

60 ml **Apfelbalsamessig (siehe Seite 8)**

1 kleine **Ananas**

200 g **Boskoop-Äpfel**

1–2 EL **eingelegte grüne Pfefferkörner**

1. Die Zwiebeln schälen, knapp 1 cm groß würfeln und im Öl bei geringer Hitze zugedeckt 30–40 Minuten hell anschwitzen. Sie sollen dabei sehr weich werden, aber keine Farbe annehmen. Inzwischen die Aprikosen sehr fein würfeln. Den Ingwer schälen und klein würfeln. Die Cashews grob hacken. Aprikosen, Ingwer, Cashews, Salz und Currypulver zu den Zwiebeln geben und offen weiterdünsten.

2. In einem Topf den Zucker behutsam schmelzen und leicht karamellisieren lassen. Die Zwiebelmischung zugeben und so lange unter Rühren köcheln, bis sich der Zucker vollständig gelöst hat. Nach und nach den Essig zugeben, unter gelegentlichem Rühren weiter ohne Deckel köcheln lassen.

3. Inzwischen die Ananas schälen, vom Strunk schneiden, dabei alle schwarzen „Augen" entfernen. Das Fruchtfleisch knapp 1 cm groß würfeln, 300 g abwiegen und den Rest für einen exotischen Obstsalat verwenden. Die Äpfel schälen, vierteln, entkernen und ähnlich groß würfeln.

4. Ananas und Äpfel zu den Zwiebeln geben, ca. 20 Minuten köcheln, bis die Äpfel mürb und die Flüssigkeit weitgehend eingekocht ist. Die Pfefferkörner abbrausen und untermischen. In sterile Gläser füllen.

DAZU PASST DAS CHUTNEY:
- Ziegenfrischkäse, Pecorino, Brie
- Kaltes Huhn, Schinken, Aufschnitt

ES EIGNET SICH AUCH …
…zum Würzen von Reissalat.

WEITERE REZEPTIDEE:
Frische Ananas-Salsa
Zwiebeln (evtl. die halbe Menge) und Ananas
4–5 mm groß würfeln, getrocknete Aprikosen und
Ingwer 2 mm groß würfeln, Cashewkerne hacken.
Mit Apfelbalsamessig mischen. Mit Salz, Curry,
1–2 EL Zucker und grünem Pfeffer pikant würzen.
Zusätzlich klein gehackte rote oder grüne Chili-
schoten untermischen. Zwei bis drei Stunden durch-
ziehen lassen.
Zu Garnelen oder Fisch vom Grill servieren.

AUBERGINEN-CHUTNEY MIT TROCKEN-PFLAUMEN UND WALNÜSSEN

Orientalisch, würzig

FÜR CA. 4 GLÄSER À 230 ML

300 g **rote Zwiebeln**

1 große **Aubergine (400 g)**

3 EL **Sonnenblumenkern- oder Rapsöl**

100 g **getrocknete Pflaumen (Softfrüchte)**

1 TL **rosa Pfefferbeeren (siehe Seite 8)**

1 TL **Kardamomsamen**

1 TL **schwarzer Pfeffer**

1 Dose **Pizzatomaten (400 g)**

2 TL **Salz**

1 Stiel **Rosmarin**

150 g **brauner Zucker**

150 ml **Aceto balsamico (s. S. 7)**

70 g **Walnuss- / Baumnusskerne**

1. Zwiebeln schälen, längs halbieren und in Halbringe schneiden. Aubergine längs in 1 cm dicke Scheiben schneiden und dann würfeln.

2. Die Zwiebelringe im Öl ca. sechs Minuten anschwitzen, sie sollen nur wenig Farbe bekommen. Die Auberginenwürfel zugeben, unter häufigem Rühren zehn Minuten schmoren.

3. Inzwischen die Pflaumen klein würfeln. Die Gewürze im Mörser oder Blitzhacker nicht zu fein zerkleinern. Den Rosmarin abbrausen, die Nadeln abstreifen und sehr fein hacken.

4. Pizzatomaten, Pflaumen, Salz, Gewürze und Rosmarin zugeben, unter gelegentlichem Rühren 30 Minuten köcheln.

5. Zucker, Aceto balsamico und Walnüsse zugeben, weitere 15 Minuten köcheln. In sterile Gläser füllen.

DAZU PASST DAS CHUTNEY:
- Schweinebraten, deftige Leberpaté, Lammbraten

ES EIGNET SICH AUCH …
… als Beilage zu orientalischen Gerichten wie Couscous.
… zum Würzen einer Lamm-Tajine.

WEITERE REZEPTIDEE:
Auberginen-Gemüse
Wie oben zubereiten, allerdings nicht so lange schmoren. Weniger Zucker und Essig und diese nur zum Abschmecken verwenden.

BANANEN-CHUTNEY

Exotisch, süßlich-scharf

FÜR 4–5 GLÄSER À 230 ML

500 g **Gemüsezwiebeln**

75 g **rote Chilischoten**

6 **Knoblauchzehen**

120 g **Ingwer**

3 EL **Rapsöl**

75 g **rohe, ungeröstete Erdnusskerne**

200 g **Rohrzucker**

700 g **Bananen (= 450 g Fruchtfleisch)**

2 TL **Salz**

250 ml **Reisessig**

2 **unbehandelte Bio-Limetten**

1–2 TL **Kardamom, frisch gemahlen**

schwarzer Pfeffer, frisch gemahlen

1. Die Zwiebeln schälen und ca. 1 cm groß würfeln. Die Chilischoten längs halbieren, entkernen, waschen und quer in schmale Streifen schneiden. Den Knoblauch schälen und fein hacken. Den Ingwer schälen, in dünne Scheiben hobeln, diese in Streifen und dann in Würfel schneiden.

2. Die Zwiebeln im heißen Öl sechs bis acht Minuten glasig werden lassen. Ingwer und Erdnusskerne zugeben, weitere fünf Minuten garen. Knoblauch zugeben, nach einer Minute den Zucker darüberstreuen, unter Rühren karamellisieren lassen. Die Bananen in Scheiben schneiden und mit dem Salz zugeben, zwei bis drei Minuten anbraten, dann mit dem Essig ablöschen. Chilistreifen zugeben, das Chutney unter gelegentlichem Rühren etwa 30 Minuten einkochen.

3. Inzwischen die Limetten heiß waschen und trocken reiben, die Schale abraspeln, den Saft auspressen. Das Chutney esslöffelweise mit dem Limettensaft abschmecken (Menge ist abhängig von der Süße der Bananen). Mit Kardamom und Pfeffer würzen. Evtl. noch etwas länger einkochen. Zum Schluss die Limettenschale untermischen.

DAZU PASST DAS CHUTNEY:
- Exotische Reisgerichte, Hähnchenbrust, Saté-Spieße

ES EIGNET SICH AUCH ...

... als Beilage zur indonesischen Reistafel, zu Gegrilltem oder zum Fondue.

WEITERE REZEPTIDEE:

Bananen-Salsa

3–4 Chilischoten und 1 gelbe Paprikaschote (geschält) putzen und sehr klein würfeln. Mit 1 Bund Frühlingszwiebeln in feinsten Ringen, 2–3 fein gewürfelten Knoblauchzehen und 1–2 EL geraspeltem Ingwer mischen. 3–4 noch feste Bananen klein würfeln, sofort mit 3 EL Limettensaft beträufeln. Alles mit 2 EL Rohrohrzucker und 1 EL Rapsöl vermischen, mit Salz, Pfeffer, Kardamom und Limettenschale abschmecken. Zwei bis drei Stunden durchziehen lassen. Mit gehackten Erdnüssen und Koriandergrün bestreuen. Zu sommerlichen Grillgerichten (Hähnchen, Schwein oder Fisch) oder als Beilage zu exotischen Reisgerichten servieren.

SAFRAN-**BIRNEN**

Fein-aromatisch und besonders edel

FÜR 3 GLÄSER À 230 ML

½ TL **Safranfäden**

Salz

200 ml **Orangensaft**

350 g **längliche Schalotten**

2 EL **Olivenöl**

180 g **Zucker**

200 ml **Aceto balsamico bianco (siehe Seite 7)**

100 ml **weißer Rum**

700 g **reife, aber feste Birnen**

2 TL **Chiliflocken (siehe Seite 8)**

1. Die Safranfäden mit einer Prise Salz im Mörser fein zerreiben, mit 2 EL Orangensaft mischen und stehen lassen.

2. Die Schalotten schälen, längs vierteln und je nach Größe quer halbieren oder dritteln. Im Olivenöl bei mittlerer Hitze sanft angehen lassen. Die Schalotten sollen nicht bräunen. Mit Zucker bestreuen, unter Rühren schmelzen lassen. Mit restlichem Orangensaft, Essig und Rum ablöschen. Safranflüssigkeit zugeben. Aufkochen und bei starker Hitze in 15–20 Minuten sirupartig einkochen.

3. Inzwischen die Birnen schälen, vierteln, entkernen und in Stückchen schneiden. Zu den Schalotten geben und in ca. zehn Minuten garen, sie sollen weich sein, aber noch als Stückchen erkennbar.

4. Mit ½ TL Salz und Chiliflocken würzen.

DAZU PASSEN DIE SAFRAN-BIRNEN:
• Wild, Hühnchen
• Blauschimmelkäse, Ziegenkäse, Manchego, Reblochon
• gebackener oder geschmolzener Käse, z. B. Raclette

WEITERE REZEPTIDEE:
Birnen-Schalotten-Gemüse
Safran wie oben vorbereiten. Die Schalotten in Olivenöl anschwitzen. Die Birnen zugeben, unter Rühren drei bis vier Minuten braten.
Mit 1 EL Zucker bestreuen und mit dem Orangensaft ablöschen. Die Safranflüssigkeit zugeben und einkochen. Mit Salz, Pfeffer und Chili würzen.
Als Beilage zu Wildgerichten reichen.

BLAUBEER-CHUTNEY

Intensiv fruchtig, spannend gewürzt mit Tonka und Langpfeffer

FÜR 4 GLÄSER À 230 ML

1 kg **Blaubeeren (Kultur-Heidelbeeren)**

400 g **rote Zwiebeln**

2 EL **Rapsöl**

250 g **brauner Zucker**

200 ml **dunkler Traubensaft**

200 ml **Rotweinessig**

1½ TL **Salz**

4–5 TL **Langpfeffer, frisch gemahlen (siehe Seite 8)**

2 **Tonkabohnen (3–4 g), frisch gerieben (siehe Seite 9)**

50 ml **Aceto balsamico (siehe Seite 7)**

1. Die Blaubeeren verlesen, abbrausen und abtropfen lassen. Die Zwiebeln schälen und hacken.

2. Die Zwiebeln im Öl in ca. fünf Minuten glasig dünsten. Den Zucker zugeben und unter Rühren etwas karamellisieren lassen. Dann mit Saft und Essig vorsichtig ablöschen. Die Blaubeeren und das Salz zugeben, unter gelegentlichem Rühren in 70–80 Minuten marmeladenähnlich einkochen.

3. Gegen Ende der Kochzeit mit Langpfeffer und Tonka würzen und mit Aceto Balsamico abschmecken.

DAZU PASST DAS CHUTNEY:
- Rehrücken, Fasan, Rebhuhn, Gänseleberpastete
- Blauschimmelkäse, z. B. milder Gorgonzola

WEITERE REZEPTIDEE:
Blaubeer-Sauce zu Wild
Wie oben zubereiten, Essig- und Zuckermenge reduzieren (nach Geschmack, etwa 3–4 EL Zucker und 3–4 EL Rotweinessig) und nur ca. 30 Minuten köcheln lassen. Mit Aceto balsamico vorsichtig (löffelweise!) abschmecken.

CASSIS-CHUTNEY

Perfekt kombiniert mit Kakaobohnen und Chili ancho

FÜR CA. 4 GLÄSER À 230 ML

300 g **rote Zwiebeln**

3 EL **Rapsöl**

2 Gläser **schwarze Johannisbeeren, in Zuckerwasser eingelegt (à 540 g / 225 g Abtropfgewicht)**

80 g **Zucker**

70 g **Kakaobohnensplitter (siehe Seite 8)**

150 ml **Cassislikör, ersatzweise guter roter Portwein**

½ TL **Salz**

3–4 TL **Chili ancho (siehe Seite 8)**

½ TL **gemahlene Gewürznelken**

3–4 TL **Chiliflocken (siehe Seite 8)**

100–120 ml **Aceto balsamico (siehe Seite 7)**

1. Die Zwiebeln schälen und ca. 5 mm groß würfeln. Im Öl in fünf Minuten glasig anschwitzen. Inzwischen die Johannisbeeren auf ein Sieb geben, die Flüssigkeit auffangen.

2. Den Zucker über die Zwiebeln streuen, unter Rühren schmelzen lassen. Kakaobohnensplitter zugeben, ein bis zwei Minuten unter Rühren schmoren, mit Likör bzw. Portwein und der abgetropften Flüssigkeit ablöschen. In 25–30 Minuten sprudelnd bei starker Hitze einkochen.

3. Salz und Gewürze zugeben und so viel Balsamico, bis der Geschmack ausgewogen süß-sauer-scharf ist. Die abgetropften Johannisbeeren dazugeben, weitere fünf bis zehn Minuten köcheln, bis die Masse eindickt.

DAZU PASST DAS CHUTNEY:
- Wild, Leberpastete, Ente, Fasan, Hähnchenbrust
- Schinken und Hähnchenbrust-Aufschnitt
- Brie, Ziegenfrischkäse, gereifter Ziegenkäse, Blauschimmelkäse, Stilton

ERDBEER-CHUTNEY

Besonderer Kick durch Jalapeños und frisch-duftige Zitronenmyrte

FÜR 4 GLÄSER À 230 ML

1 kg **reife, aromatische Erdbeeren**

2 **Tahiti-Vanillestangen**

300 g **Zucker**

½ TL **Salz**

2 TL **gemahlener Kardamom**

400 g **Schalotten**

4 **frische Jalapeños, 50–60 g**
(siehe Seite 8)

3 EL **eingelegter grüner Pfeffer**

3 EL **Rapsöl**

300 ml **Himbeeressig**

2–3 TL **Zitronenmyrte (siehe Seite 9)**

1. Die Erdbeeren waschen, putzen und halbieren oder vierteln. Die Vanillestangen längs halbieren, das Mark herauskratzen, die Stangen in 3–4 cm lange Stücke schneiden.

2. Zucker mit Salz, Kardamom, Vanillemark und -stangenstücken zu den Erdbeeren geben, gut mischen und zugedeckt bis zur Verwendung ziehen lassen.

3. Die Schalotten schälen und hacken. Die Jalapeños halbieren, entkernen, waschen und fein hacken. Den Pfeffer sehr gründlich abbrausen und abtropfen lassen.

4. Die Schalotten im Öl glasig anschwitzen. Erdbeermischung und Himbeeressig zugeben. Aufkochen und 30–40 Minuten kochen, bis die Masse marmeladenähnlich eingedickt ist. Jalapeños, Pfefferkörner und Zitronenmyrte einrühren, noch ca. fünf Minuten köcheln, dann in sterilisierte Gläser abfüllen.

DAZU PASST DAS CHUTNEY:
• Ziegenfrischkäse oder Büffelmozzarella
• Sanft gegartes Schweinefilet oder Hähnchenbrust,
  auch Hähnchenbrust-Aufschnitt

WEITERE REZEPTIDEE:
Frische Erdbeer-Salsa
Erdbeeren klein würfeln, mit Schalotten, Jalapeños und grünen Pfefferkörnern mischen. 3 EL mildes Mandelöl (oder Macadamia-Nussöl) und 3 EL echten Himbeer-Fruchtessig oder guten Apfelbalsamessig mit 2 EL Zucker, dem Mark einer Vanillestange und Zitronenmyrte mischen und über die Erdbeeren geben. Mit etwas Salz abschmecken. Eine Stunde durchziehen lassen.
Zu Ziegenfrischkäse, Mozzarella oder kalt aufgeschnittener Hähnchenbrust servieren.

GURKEN-RELISH

Erfrischend, süß-säuerlich

FÜR 4 GLÄSER À 230 ML

2 **Salatgurken à 400 g**

3 TL **Kräutersalz**

250 g **kleine rote Zwiebeln**

75 g **Ingwer**

2 **rote Chilischoten (40 g)**

⅓ **Ananas (ca. 200 g Fruchtfleisch)**

80 g **Sultaninen**

3 EL **Rapsöl**

1 EL **gelbe Senfsaat**

300 g **Zucker**

250 ml **Aceto balsamico bianco**
(siehe Seite 7)

50 ml **Himbeeressig**

1. Die Gurken schälen und längs halbieren. Die Kerne herauskratzen, das Fruchtfleisch ca. 1 cm groß würfeln. Mit dem Kräutersalz bestreuen, gut mischen. Die Zwiebeln schälen, längs halbieren und in dünne Halbringe schneiden. Den Ingwer schälen in schmale Scheiben hobeln, daraus Streifen und dann kleine Würfel schneiden. Die Chilischoten längs halbieren, entkernen, waschen und klein würfeln. Die Ananas schälen, Strunk und schwarze Augen entfernen, das Fruchtfleisch ebenfalls 1 cm groß würfeln. Sultaninen waschen und abtrocknen.

2. Die Zwiebeln im Öl fünf Minuten glasig anschwitzen, Senfsaat und Ingwer zugeben, zwei bis drei Minuten mitbraten. Gurken zugeben, weitere fünf Minuten unter Rühren mitgaren. Mit dem Zucker bestreuen, weiter kochen, bis er sich gelöst hat, und mit dem Essig ablöschen. Sultaninen zugeben. 40–50 Minuten köcheln, bis die Gurken glasig und halbfest sind. Ananas zugeben, weitere 20–30 Minuten köcheln, bis die Flüssigkeit sirupartig eingekocht ist. Mit dem Himbeeressig abschmecken und evtl. noch etwas weiterkochen.

DAZU PASST DAS RELISH:
- Kalter Schweinebraten, Hackbraten, Rinderbraten, Rinderschinken

WEITERE REZEPTIDEE:
Fruchtiger Gurken-Salat
Gurken, Zwiebeln, Ingwer, Chili und Ananas wie oben zubereiten. Mit Kräutersalz würzen. Aus 3 EL Aceto balsamico bianco oder Himbeeressig, 2 EL Zucker und 4–5 EL Sonnenblumenöl ein Dressing rühren und über den Salat geben. Rosinen untermischen. Ein bis zwei Stunden durchziehen lassen, evtl. noch mal abschmecken. Mit Daikonkresse bestreuen.

INGWER IN APFELSIRUP

Fruchtig, süß und – je nach Ingwerqualität – mild bis kräftig scharf

FÜR 3–4 GLÄSER À 230 ML

500 g **frischer Ingwer**

1 l **klarer Apfelsaft**

500 g **Zucker**

150 ml **Apfeldicksaft**

1. Den Ingwer schälen und in 1 mm feine Scheibchen hobeln. Apfelsaft, 200 ml Wasser, Zucker und Apfeldicksaft aufkochen, den Ingwer dazugeben und 30 Minuten offen köcheln lassen. Im Sud abkühlen lassen und 24 Stunden zugedeckt stehen lassen, dabei gelegentlich umrühren.

2. Die Ingwerscheiben auf ein Sieb schütten, den Sud auffangen und wieder aufkochen. 15–20 Minuten offen kochen, den Sirup dabei auf ca. 700 ml einkochen. Ingwerscheiben hineingeben und zugedeckt nochmals zwölf Stunden stehen lassen.

3. Erneut auf ein Sieb schütten, den Sirup aufkochen und auf ca. 400 ml reduzieren. Der Sirup hat jetzt eine dunkle, bernsteinähnliche Farbe. Ingwerscheiben zugeben, aufkochen und in die vorbereiteten Gläser füllen. Nicht auf den Kopf stellen, da der heiße Sirup zu flüssig ist. Erst nach dem Erkalten dickt er etwas ein.

DAZU PASSEN DIE INGWER-SCHEIBEN:
- Abgetropft und fein gehackt für Gebäck und Desserts.
- Als süßer Snack, abgetropft und auf einem Kuchengitter angetrocknet zur Hälfte in geschmolzene dunkle Kuvertüre (alternativ: Schokolade mit einem hohen Kakaoanteil) getaucht.

SIE EIGNEN SICH AUCH ...
... als Aperitif, mit Prosecco aufgegossen.
... als „Ginger Ale", mit Weizenbier, Mineralwasser oder Apfelschorle aufgegossen.
... mit heißem Wasser vermischt als Ingwertee.
... zum Marinieren von frischer Melone, für exotische Fruchtsalate oder über Vanilleeis.

JALAPEÑO-RELISH

Knackig, fruchtig, nur leicht scharf

FÜR 4 GLÄSER À 230 ML

600 g **gelbe Paprikaschoten**

350 g **frische Jalapeños (siehe Seite 8)**

300 g **Gemüsezwiebel**

300 g **gelbe Pfirsiche**

3 EL **Rapsöl**

150 g **Zucker**

100 ml **natürlicher Apfelessig**

100 ml **Apfelbalsamessig (siehe Seite 8)**

1½ TL **Salz**

100 g **Pistazienkerne**

1. Paprikaschoten waschen, mit einem Tomaten- oder Sparschäler dünn schälen, vierteln, entkernen und 5 mm groß würfeln. Die Jalapeños waschen, halbieren, entkernen und 2–3 mm groß würfeln (große Exemplare können ebenfalls dünn geschält werden). Die Zwiebeln schälen und 5 mm groß würfeln. Die Pfirsiche häuten*, halbieren, entkernen und 1 cm groß würfeln.

2. Die Zwiebeln im Öl fünf Minuten glasig anschwitzen. Den Zucker zugeben und schmelzen lassen. Beide Essige und Salz zugeben, aufkochen und 20 Minuten kochen. Dann die Pfirsiche und die Hälfte der Jalapeños zugeben und weitere 20 Minuten kochen. Zum Schluss die Pistazienkerne und die restlichen Jalapeños zugeben und noch fünf Minuten kochen. In die vorbereiteten Gläser füllen.

* Feste Pfirsiche lassen sich gut mit einem fein gezahnten Tomatenschälmesser schälen. Alternativ kann man sie kurz blanchieren und dann die Haut abziehen. Bei reifen Pfirsichen lässt sich die Haut auch ohne Blanchieren abziehen.

DAZU PASST DAS RELISH:
- Gegrillter Fisch und Steaks vom Grill
- Frikadellen, Burger, Schaschlik
- Schinken und Putenaufschnitt
- Puten- und Hähnchenbrust
- Sandwiches mit Frischkäse und Aufschnitt

WEITERE REZEPTIDEE:

Jalapeño-Salsa

Paprika, Jalapeños und Pfirsiche wie nebenstehend beschrieben vorbereiten, alles 2–3 mm groß würfeln. Zwiebeln durch 2 Bund schlanke Frühlingszwiebeln ersetzen und in feinste Ringe schneiden. Alles mischen. Beide Essige mit 2–3 EL Zucker und dem Salz auf etwa die Hälfte einkochen, Sonnenblumenöl unterschlagen, über die Gemüsemischung geben und zwei bis drei Stunden durchziehen lassen. Gehacktes Koriandergrün und die Pistazien unterheben.

Die Salsa passt zu Hähnchenbrust, Schweinemedaillons, weißem Fischfilet und Garnelen. Zu gegrilltem Fleisch und Fisch ist sie eine raffinierte Beilage.

KORINTHEN-KAPERN-CHUTNEY

Intensiv und spannend kontrastreich

FÜR 4 GLÄSER À 230 ML

600 g **rote Zwiebeln**

3 EL **Rapsöl**

400 ml **Rotwein (Cabernet oder Shiraz)**

150 ml **Aceto balsamico (siehe Seite 7)**

250 g **Korinthen**

2 **Lorbeerblätter**

80 g **Salzkapern (siehe Seite 9)**

200 g **brauner Zucker**

75 g **Pinienkerne**

schwarzer Pfeffer

1–2 TL **Chiliflocken (siehe Seite 8)**

1. Die Zwiebeln schälen und ca. 5 mm groß würfeln. Im Öl in etwa zehn Minuten glasig anschwitzen (sie dürfen keine Farbe annehmen).

2. Mit Rotwein und Aceto balsamico ablöschen. Korinthen, Lorbeerblätter, Kapern und Zucker zugeben. Ca. 30 Minuten offen einkochen, dabei gelegentlich umrühren.

3. Inzwischen die Pinienkerne ohne Fett goldgelb rösten.

4. Das Chutney mit Pfeffer und Chili abschmecken. Die Pinienkerne untermischen. In sterile Gläser abfüllen.

DAZU PASST DAS CHUTNEY:
- Feine Paté, Geflügel- oder Kalbsleber, Hähnchenbrust
- Lammfilet
- Geschmortes Kaninchen
- Ziegenfrischkäse

WEITERE REZEPTIDEE:
Frisches Korinthen-Kapern-Chutney
Wie oben zubereiten, jedoch nur 2–3 EL Zucker verwenden. Zunächst nur 3 EL Aceto balsamico zugeben, evtl. zum Schluss nochmals mit Essig und Zucker abschmecken.
Zu Lammkeule, Lammkoteletts, Lammrücken oder Kaninchenbraten servieren.

KÜRBIS-RELISH

Süßlich, fruchtig-säuerlich mit deutlicher Ingwer-Schärfe. Die Orangenmarmelade steuert interessante herbe Noten bei, die von der Muskatnuss unterstützt werden.

FÜR 5 GLÄSER À 230 ML

1 kg **Muskatkürbis (ca. 500 g Fruchtfleisch)**

300 g **rote Zwiebeln**

75 g **milde rote Chilischoten**

100 g **Ingwer**

3 EL **Rapsöl**

150 g **Zucker**

2½ TL **Salz**

150 ml **Aceto balsamico bianco**

150 ml **Orangensaft**

75 g **ungesalzene Cashewkerne**

100 g **getrocknete Sauerkirschen**

125 g **Bitterorangenmarmelade**

½–1 **ganze Muskatnuss, frisch gerieben**

1 TL **Cayennepulver, nach Geschmack**

1. Den Kürbis putzen, Kerne und weiche Fasern herauskratzen. Kürbisfleisch in Spalten und von der Schale schneiden. Die Spalten ½ cm dick hobeln, dann quer in kurze Stifte schneiden. Die Zwiebeln schälen und ½ cm groß würfeln. Die Chilischoten längs halbieren und entkernen, waschen und klein würfeln. Den Ingwer schälen, in dünne Scheibchen hobeln, daraus sehr schmale Streifen (Julienne) schneiden.

2. Die Zwiebeln im Öl fünf Minuten glasig anschwitzen. Ingwer und Chili ein bis zwei Minuten mitbraten. Den Kürbis zugeben, drei Minuten unter Rühren mitgaren. Mit dem Zucker bestreuen, unter Rühren leicht karamellisieren lassen. Salzen und mit Essig und Orangensaft ablöschen. Cashews und kernlose Sauerkirschen zugeben, aufkochen. Etwa 20 Minuten kochen lassen.

3. Die Orangenmarmelade einrühren, unter häufigem Rühren weitere 15 Minuten köcheln, bis der Kürbis anfängt zu zerfallen, aber noch stückig ist und die Sauce sämig. Mit Muskatnuss und nach Belieben mit Cayenne würzen. In die vorbereiteten Gläser füllen.

DAZU PASST DAS RELISH:
- Wild, Hähnchenbrust, Frikadellen, Schaschlik, Grillfleisch
- Reis, Couscous, Polenta
- Rote Linsen
- Tofu, gegrillt oder gebraten

WEITERE REZEPTIDEE:
Kürbis-Gemüse
Kürbis 2 cm groß und Zwiebeln 1 cm groß würfeln. Weiter wie oben zubereiten, aber nur 2 EL Zucker und 2 EL Essig verwenden.
Nur 15–20 Minuten köcheln, bis die gewünschte Konsistenz erreicht ist.

WEITERE REZEPTIDEE:

Frisches Kokos-Limetten-Chutney

100 g frisches Kokosnussfleisch fein raspeln. 1 Bund Koriandergrün und 1 Bund Minze abbrausen und trocken tupfen, mit den Stielen hacken. 3–4 grüne Chilischoten putzen, entkernen und hacken. 2 möglichst frische Knoblauchzehen schälen und hacken. 2 unbehandelte Bio-Limetten waschen und trocken reiben, die Schale abraspeln, den Saft auspressen. Alles mischen und im Blitzhacker zu einem eher trockenen Chutney mischen, mit Zucker und Salz abschmecken. Wer es flüssiger mag, kann während des Mixens noch etwas Wasser oder dünne Kokosmilch untermischen.

Zum Überstreuen von Reis, gedünstetem Gemüse und Gemüsecremesuppen (wie Kürbis- oder Karotten-Suppe) oder für Dips verwenden.

LIMETTEN-KOKOS-CHUTNEY

Exotisch, süß-sauer mit leichter Schärfe

FÜR 5 GLÄSER À 230 ML

100 g **Kokos-Chips**

500 ml **Ananassaft**

500 g **Limetten**

2 **Bio-Limetten**

2 Bund **Lauchzwiebeln (mit runden Zwiebeln)**

6–8 **Knoblauchzehen, möglichst von jungem, saftigem Knoblauch**

4 **frische Kaffirlimettenblätter (siehe Seite 8)**

3–4 **milde Chilischoten (Peperoncini, ca. 60 g)**

50 g **Ingwer**

1 kleine **Ananas**

3 EL **Rapsöl**

300 g **Rohrzucker**

2 TL **Salz**

1. Die Kokos-Chips im Ananassaft einweichen. Die Limetten so schälen, dass nichts Weißes an den Früchten haftet. Längs vierteln, dann in Scheibchen schneiden, die Kerne entfernen. Die Bio-Limetten heiß waschen und trocken reiben. Die Schale mit dem Zestenreißer abziehen, den Saft auspressen. Die Lauchzwiebeln putzen, das Weiße hacken, das Grüne in Röllchen schneiden. Den Knoblauch schälen und hacken. Die Limettenblätter heiß waschen, seitlich mehrmals einschneiden (so geben sie mehr Aroma ab). Die Chilis längs halbieren, entkernen, waschen und klein würfeln. Den Ingwer schälen und reiben. Die Ananas schälen, den Strunk und die dunklen Augen entfernen. 350 g abwiegen und 5 mm klein würfeln. Den Rest für einen Obstsalat verwenden.

2. Die Zwiebeln im Öl fünf Minuten anschwitzen. Den Knoblauch eine Minute mitbraten. Mit dem Zucker bestreuen, unter Rühren schmelzen und heiß werden lassen. Alle Zutaten mit Ausnahme des Zwiebelgrüns und der Limettenzesten zugeben. Aufkochen und etwa 40 Minuten kochen lassen. Anfangs gelegentlich, später öfter umrühren. Ganz zum Schluss Zwiebelgrün und Zesten untermischen. Sofort in die vorbereiteten Gläser füllen.

DAZU PASST DAS CHUTNEY:
• Hühnchen, Fisch (z. B. Buntbarsch), Garnelen, Lachs

ES EIGNET SICH AUCH …
… zum Würzen von Reis, der zu Currygerichten gereicht wird, die mit Kokosmilch zubereitet werden.
… zum Würzen von Kokosmilch, in der Fisch gegart wird.

WEITERE REZEPTIDEE:

Pikanter Mango-Salat

2 noch feste Mangos schälen und grob reiben. 2 grüne Chilischoten putzen, entkernen und fein würfeln. 20 g Ingwer schälen und raspeln, 1 Bund Frühlingszwiebeln putzen und in feine Ringe schneiden. 2 Knoblauchzehen schälen und fein hacken. Alle Zutaten mischen.

1 EL Reisessig mit 1–2 EL Zucker und ½ TL Salz verrühren, nach und nach 3 EL Rapsöl und 1 TL geröstetes Sesamöl unterschlagen. Über die Mangomischung geben und 2–3 Stunden durchziehen lassen.

MANGO-CHUTNEY

Exotisch süß, würzig und scharf

FÜR 4 GLÄSER À 230 ML

3–4 **reife Mangos (1,2 kg)**

250 g **Gemüsezwiebel**

2–3 **rote Chilischoten (50 g)**

3 EL **Rapsöl**

200 g **Rohrzucker**

250 ml **Reisessig**

2 TL **Salz**

300 ml **Ananassaft**

2 TL **Kardamom, frisch gemahlen**

2 TL **braune Senfkörner**

1 TL **gemahlener Kreuzkümmel (Cumin)**

2–3 TL **Cayennepulver**

1. Die Mangos schälen, das Fruchtfleisch in dicken Scheiben vom Stein schneiden und ca. 1 cm groß würfeln. Die Zwiebeln schälen und in 1 cm große Würfel schneiden. Die Chilischoten längs halbieren, entkernen, waschen und quer in Streifchen schneiden.

2. Die Zwiebeln im heißen Öl fünf bis sieben Minuten glasig werden lassen. Zucker zugeben, schmelzen lassen und aufkochen. Die Mangostücke dazugeben, drei Minuten unter Rühren kochen. Mit dem Essig ablöschen. Salz und Chili zugeben, aufkochen und etwa 50 Minuten köcheln, dabei nach und nach den Ananassaft zugeben.

3. Das sehr weiche Chutney mit Kardamom, Senfkörnern, Kreuzkümmel und Cayenne kräftig abschmecken und in die vorbereiteten Gläser füllen.

DAZU PASST DAS CHUTNEY:
- Hühnchen, Pute, Schwein, Ente
- Aufschnitt wie Puten- und Hähnchenbrust, kalter Schweinebraten
- Gegrilltes Fischfilet und Garnelen
- Sandwiches mit Frischkäse und Aufschnitt
- Mild-würziger Käse wie Cheddar oder alter Gouda

ES EIGNET SICH AUCH …
… zum Dippen mit Papadams oder Naanbrot.*
… als Beilage von exotischen Curry- und Reisgerichten.

* Beide sind indische Brotarten, die es in indischen Lebensmittelgeschäften oder in den Feinkostabteilungen gut sortierter Supermärkte gibt.

MARONEN-CHUTNEY

Süßlich, warm-würzig, angenehm scharf

FÜR 4 GLÄSER À 230 ML

250 g **rote Zwiebeln**

400 g **vorgegarte Maronen/ Esskastanien (vakuumiert oder aus dem Glas)**

700 g **Kochäpfel, z. B. Kläräpfel**

3 EL **Rapsöl**

200 g **dunkler Zuckerrübensirup**

350 ml **klarer Apfelsaft**

100 ml **Apfelessig**

60 g **Sultaninen**

1 TL **Salz**

2 TL **gemahlene Zimtblüten (siehe Seite 9)**

1–2 TL **Chili pasilla (siehe Seite 8)**

1. Die Zwiebeln schälen und ½ cm groß würfeln. Die Maronen ähnlich groß hacken. Die Äpfel schälen, vierteln, entkernen und in 1–2 cm große Stücke schneiden.

2. Die Zwiebeln im Öl fünf Minuten glasig anschwitzen. Den Sirup zugeben und aufkochen. Maronen und Äpfel zugeben, unter Rühren heiß werden lassen, mit Apfelsaft und Essig ablöschen. Sultaninen, Salz, Zimtblüten und zunächst 1 TL Chili zugeben. Die Mischung aufkochen und 40–45 Minuten kochen. Anfangs gelegentlich, gegen Ende regelmäßig rühren. Nach Geschmack mit mehr Chili würzen.

3. In die vorbereiteten Gläser füllen.

DAZU PASST DAS CHUTNEY:
- Wild, Rind, Lamm, Wildgeflügel
- Gebackene Kürbisspalten
- Lamm-Tajine
- Kräftiger Bergkäse

WEITERE REZEPTIDEE:
Maronen-Gemüse
Wie das Chutney zubereiten, aber nur 2–3 EL Zuckerrübensirup verwenden (je nach Säure der Äpfel) und den Apfelessig nur löffelweise zum Abschmecken einsetzen.

MELONEN-CHUTNEY

Sommerlich-frisch, fruchtig, mit deutlichem Knoblauch-Minze-Akzent und mittlerer Schärfe

FÜR 4 GLÄSER À 230 ML

1 **reife Honigmelone**
(= 700 g Fruchtfleisch)

250 g **milde grüne türkische Sivri-Chilis (siehe Seite 9)**

400 g **weiße Zwiebeln**

6–8 **Knoblauchzehen, möglichst von jungem, saftigem Knoblauch**

3 EL **Olivenöl**

150 g **Zucker**

150 ml **Aceto balsamico bianco (s. S. 7)**

3 **frische Lorbeerblätter (alternativ: getrocknet)**

1½ TL **Salz**

1 **Bio-Zitrone**

2–3 TL **getrockneter grüner Pfeffer**

2–3 EL **getrocknete Minze (s. S. 8)**

3 Tropfen **ätherisches Bio-Zitronenöl**

1. Die Melone halbieren und entkernen. Melone in Spalten teilen und die Spalten von der Schale schneiden. Das Fruchtfleisch knapp 1 cm groß würfeln. Die Chilis waschen, die kernlosen Spitzen in Ringe schneiden, den Rest längs halbieren, entkernen und quer in Streifen schneiden. Die Zwiebeln schälen und 5 mm groß würfeln. Den Knoblauch schälen und hacken.

2. Die Zwiebeln im Öl in acht bis zehn Minuten glasig werden lassen. Den Knoblauch zugeben und eine Minute mitgaren. Den Zucker darüberstreuen, unter Rühren schmelzen lassen, mit dem Essig ablöschen und fünf Minuten kochen. Melonenwürfel, Lorbeerblätter und Salz zugeben, 25–30 Minuten kochen.

3. Inzwischen die Zitrone heiß waschen und trocken reiben, die Schale abraspeln. Den Pfeffer im Mörser zerstoßen. Die Minze zwischen den Fingern zerreiben und durch ein Sieb geben, um die Stiele zu entfernen. Danach 1 EL abmessen.

4. Die Chilischoten zugeben und vier bis fünf Minuten mitkochen. Sie sollen knackig bleiben und ihre Farbe nicht ganz verlieren. Das Chutney mit Pfeffer und Minze würzen, ganz zum Schluss das ätherische Öl und den Zitronenabrieb zugeben. Sofort in die vorbereiteten Gläser füllen.

DAZU PASST DAS CHUTNEY:
- Mozzarella, Fetakäse, Frischkäse
- Dips aus Feta oder Frischkäse
- Souflaki, Grillspieße, Lammkoteletts, Köfte

WEITERE REZEPTIDEE:
Melonen-Salsa
Zwiebeln, Melone, Chilischoten und Knoblauch (jeweils die Hälfte der Mengen) sehr klein würfeln und mischen. 2–3 EL Essig, 2 EL Zucker, Salz und Pfeffer verrühren, 2–3 EL Öl unterschlagen. Das Dressing über die Zutaten geben. Ein bis zwei Stunden durchziehen lassen. Mit Zitronenschale und frischer Minze bestreuen.
Zu Ziegenfrischkäse, Mozzarella, gebackenem Feta oder gebratenem Halloumi servieren.

MÖHREN-RELISH MIT INGWER UND DATTELN

Knackig, süß und scharf

FÜR CA. 4 GLÄSER À 230 ML

500 g **Möhren**

300 g **gelbe Zwiebeln**

120 g **Ingwer**

70 g **Orangeat (aus großen Fruchtschalen)**

100 g **getrocknete Datteln**

1 **unbehandelte Bio-Limette**

3 EL **Rapsöl**

250 g **brauner Zucker**

150 ml **Aceto balsamico bianco (siehe Seite 7)**

150 ml **klarer Apfelsaft**

2 TL **Salz**

2 TL **Kardamom, frisch gemahlen**

2 TL **Chiliflocken (siehe Seite 8)**

1. Die Möhren schälen, mit einem Julienneschneider in feine Streifen hobeln oder mit der Küchenmaschine grob raffeln. Die Zwiebeln schälen, längs halbieren und in Halbringe schneiden. Den Ingwer schälen, in hauchdünne Scheiben hobeln und diese in feinste Streifen schneiden. Das Orangeat ebenfalls in hauchdünne Streifen schneiden. Die Datteln längs halbieren und entkernen, das Fruchtfleisch klein schneiden. Die Limette heiß waschen und trocken reiben. Die Schale abraspeln, 2 EL Saft auspressen.

2. Die Zwiebelringe im Wok oder einem großen Topf im Öl fünf bis sechs Minuten anschwitzen, den Ingwer zugeben, drei Minuten unter Rühren weiterbraten. Möhren zugeben, weitere fünf Minuten mitgaren. Mit dem Zucker bestreuen, karamellisieren lassen, mit Apfelsaft und Essig ablöschen. Salz und Orangeat zugeben, unter gelegentlichem Rühren etwa 20 Minuten einkochen lassen, bis das Gemüse weich ist, aber noch etwas Biss hat.

3. Datteln, Limettenschale und Limettensaft zugeben, mit Kardamom und Chili würzen.

4. Heiß in die vorbereiteten Gläser füllen.

DAZU PASST DAS RELISH:
- Geflügelaufschnitt, kalter Schweinebraten oder Entenbrust
- Frischkäse, Ziegenfrischkäse, Halloumi

TIPP
Zum Servieren 50 g geröstete Mandelblättchen oder grüne Pistazienkerne hacken und untermischen.

WEITERE REZEPTIDEE:

Möhren-Ingwer-Gemüse

Die Möhren in Stifte oder Scheiben hobeln. Alles andere wie nebenstehend vorbereiten. Nur 2–3 EL Zucker und Essig verwenden. So lange köcheln, bis die Möhren weich sind, aber noch Biss haben.

Das Gemüse passt zu kurz gebratenem Fleisch, z. B. Schweinekotelett, Schweinefilet, Hähnchenbrust oder Entenbrust.

OLIVEN-RELISH

Herzhaft, herb-fruchtig, mediterran inspiriert

FÜR 4 GLÄSER À 230 ML

100 g **blanchierte Mandeln**

250 g **Zwiebeln**

250 g **grüne Oliven ohne Kern
(in Salzlake, Abtropfgewicht)**

4 **Knoblauchzehen**

400 g **Boskoop-Äpfel**

5 EL **Olivenöl**

1 TL **Salz**

150 g **Zucker**

250 ml **trockener Sherry**

100 ml **Apfelsaft**

100 ml **Sherryessig**

½ Bund **Thymian**

3 TL **getrockneter grüner Pfeffer**

1. Die Mandeln mit kochendem Wasser überbrühen, fünf Minuten stehen lassen und auf ein Sieb schütten. Nochmals mit kochendem Wasser übergießen. Nach weiteren fünf Minuten lassen sich die Mandeln leicht aus den Häuten drücken.

2. Anschließend die Mandeln – wenn möglich – mehrere Stunden oder über Nacht in kaltem Wasser einweichen. Sie werden dadurch etwas weicher, im Geschmack frischer und die Hälften lösen sich ganz leicht voneinander.

3. Die Zwiebeln schälen und knapp 1 cm groß würfeln. Die Oliven grob hacken. Den Knoblauch schälen und hacken. Die Äpfel schälen, vierteln, entkernen und ca. 1 cm groß würfeln.

4. Die Zwiebeln im Öl in ca. fünf Minuten glasig anschwitzen. Äpfel, Knoblauch und Salz zugeben und drei Minuten mitgaren. Den Zucker darüberstreuen und schmelzen lassen. Mandeln, Sherry, Apfelsaft und Sherryessig zugeben, 35–40 Minuten kochen.

5. Inzwischen den Thymian abbrausen und trocken tupfen. Die Blättchen abzupfen und hacken. Den Pfeffer im Mörser grob zerstoßen. Beides an das Relish geben, dieses dann in die vorbereiteten Gläser füllen.

DAZU PASST DAS RELISH:
- Prosciutto Cotto (milder gekochter Schinken)
- Feta, Manchego, Ziegenfrischkäse

ES EIGNET SICH AUCH …

… als Tapa mit Manchego, auf Crostini mit Ziegenfrischkäse.
… auf gebackenem Fetakäse, auf Pizza oder Flammkuchen mit Ziegenfrischkäse.

WEITERE REZEPTIDEE:

Oliven-Salat

Die gehackten Zwiebeln in 2 EL Oivenöl glasig anschwitzen. Knoblauch eine Minute mitbraten. Die vorbereiteten Äpfel (hier besser Elstar oder Cox Orange verwenden) vier bis fünf Minuten mitgaren.

Abkühlen lassen. Mit gehackten Oliven und Mandeln mischen. Aus 2 EL Sherryessig, Salz, Pfeffer, 1 TL Zucker und 5 EL Olivenöl eine Vinaigrette rühren. Alles gut vermischen, ein bis zwei Stunden durchziehen lassen und mit Thymianblättchen bestreuen.

ZESTEN IN **ORANGEN**-VANILLE-SIRUP

Intensiv fruchtig, süß und etwas herb, für viele Rezeptideen

FÜR 5–6 GLÄSER À 230 ML

10 **unbehandelte Bio-Orangen**

ca. 1 l **Orangensaft in guter Qualität**

4 **Bourbon-Vanillestangen**

1 kg **Zucker**

1 EL **Kardamom, frisch und sehr fein gemahlen**

½ TL **Salz**

200 ml **Muskatwein, Beerenauslese oder ein anderer lieblicher Wein mit kräftigem Aroma**

100 ml **Wodka**

4 EL **Zitronensaft**

4 EL **Limettensaft**

1. Die Orangen heiß waschen und trocken reiben. Die Schale mit einem Zestenreißer in Streifen abziehen und mit kochend heißem Wasser begießen. Nach 30 Sek. abseihen. Den Saft auspressen und mit dem Saft aus der Flasche auf 2 l ergänzen.

2. Vanillestangen längs halbieren, das Mark auskratzen, die Stangen quer dritteln. Vanillemark und -stangenstücke mit Zucker, Kardamom und Salz zum Orangensaft in einen großen Topf geben und langsam zum Kochen bringen. Die Zesten zugeben. Immer wieder rühren und entstehenden Schaum abschöpfen. In 30–45 Minuten zu einem Sirup einkochen. Wein zugießen, wieder einkochen. Wodka, Zitronensaft und Limettensaft hinzufügen, wieder einkochen.

3. Nach gut einer Stunde hat der Sirup eine dunkle Bernsteinfarbe angenommen und ist auf ca. die Hälfte reduziert. In die vorbereiteten Gläser füllen, dabei die Zesten gleichmäßig verteilen. Die Gläser nicht auf den Kopf stellen, weil der Sirup im heißen Zustand zu flüssig ist.

DAZU PASSEN DIE ZESTEN:

- Desserts wie Vanille- oder Schokoladeneis, Mousse etc.
- Abgetropft zum Dekorieren von Gebäck

DAZU EIGNET SICH DER SIRUP:

- Für Cocktails und Getränke, z. B. zum Aufgießen mit Prosecco, zum Abrunden von Aperol Spritz
- Für viele Dressings

TIPP

Mit Dijonsenf mischen und als köstliche Orangen-Senf-Sauce zu Käse servieren.

ROTES **PAPRIKA**-RELISH

Pimentón de la Vera gibt diesem Relish ein würziges Raucharoma.

FÜR 4 GLÄSER À 230 ML

800 g **rote Paprikaschoten**

350 g **Zwiebeln**

4–5 **Knoblauchzehen, möglichst von jungem, saftigem Knoblauch**

2 Stiele **Rosmarin**

100 g **Walnuss-/Baumnusskerne**

4 EL **Olivenöl**

150 g **Zucker**

300 ml **Orangensaft**

2 TL **Salz**

2 TL **Pimentón de la Vera dulce oder picante (siehe Seite 9)**

2 TL **Chiliflocken (siehe Seite 8)**

2–3 EL **Granatapfelwürzsaft (siehe Seite 8)**

½ Bund **Thymian**

1. Die Paprikaschoten waschen, mit einem Tomaten- oder Sparschäler dünn schälen, vierteln, entkernen und 5 mm groß würfeln. Die Zwiebeln schälen und knapp 1 cm groß würfeln. Knoblauch schälen und hacken. Rosmarin abbrausen und trocken tupfen, die Nadeln abzupfen und sehr fein hacken. Die Walnusskerne grob hacken.

2. Die Zwiebeln im Öl in fünf Minuten glasig anschwitzen. Paprika und Knoblauch zugeben, unter Rühren fünf Minuten mitbraten. Zucker hinzufügen, schmelzen lassen, mit Orangensaft vorsichtig ablöschen. Rosmarin und Salz zugeben, 15 Minuten kochen.

3. Gewürze und zunächst 2 EL Granatapfelwürzsaft unterrühren, weitere 25 Minuten kochen, dabei öfter umrühren. Inzwischen den Thymian abbrausen und trocken tupfen, die Blättchen abzupfen und grob hacken. Thymian ganz zum Schluss untermischen, das Relish nach Geschmack mit mehr Granatapfelwürzsaft abschmecken und in vorbereitete Gläser füllen.

DAZU PASST DAS RELISH:
- Gegrilltes Fleisch (Rind, Schwein, Lamm, Geflügel)
- Frikadellen, Köfte, Schaschlik
- Gefüllte Fladenbrote

ES EIGNET SICH AUCH …

… als Beilage zu Fondue, Grill oder Raclette.

WEITERE REZEPTIDEE:
Peperonata
Die Paprika schälen, putzen und etwa 2 cm groß würfeln. Wie oben zubereiten, aber nur 1–2 EL Zucker, 150 ml Orangensaft und 1–2 EL Granatapfelwürzsaft verwenden. Insgesamt 15–20 Minuten köcheln.

PFLAUMEN-CHUTNEY

Klassisch-herbstlich, gewürzbetont

FÜR CA. 4 GLÄSER À 230 ML

500 g **Pflaumen (rot oder blau) oder Zwetschgen**

300 g **Zwiebeln**

300 g **Boskoop-Äpfel**

30 g **frischer Ingwer**

80 g **getrocknete Pflaumen (soft)**

80 g **Sultaninen**

100 ml **Weißweinessig**

100 ml **Aceto balsamico (siehe Seite 7)**

175 g **brauner Zucker oder Rohrohrzucker**

½ TL **Salz**

je 1 TL **Pfeffer, Wacholderbeeren, Piment, Sumach (siehe Seite 9)**

1. Die Pflaumen waschen, halbieren, entkernen und in 1 cm große Würfel schneiden. Die Zwiebeln schälen und klein würfeln. Die Äpfel schälen, vierteln, entkernen und 1 cm groß würfeln. Den Ingwer schälen und reiben. Die getrockneten Pflaumen fein hacken. Sultaninen waschen und abtropfen lassen.

2. Alle Zutaten mit den Sultaninen in einen Topf geben, beide Essigsorten, Zucker und Salz zugeben.

3. Pfeffer, Wacholder und Piment mischen und im Blitzhacker so fein wie möglich zerkleinern. Mit dem Sumach mischen. Von dieser Mischung zunächst die Hälfte zu den Pflaumen geben.

4. Die Masse ohne Deckel zum Kochen bringen und unter regelmäßigem Rühren 50–60 Minuten kochen, bis das Chutney eindickt und eine marmeladenähnliche Konsistenz bekommt. Mit der restlichen Gewürzmischung abschmecken. Heiß in die vorbereiteten Gläser füllen.

DAZU PASST DAS CHUTNEY:
- Kurzgebratenes Fleisch, Wild, Lamm
- Geschmorte Auberginen
- Kräftiger Käse
- Orientalische Reisgerichte

WEITERE REZEPTIDEE:
Pflaumen-Sauce
Die Zutaten wie oben beschrieben in einen Topf geben, allerdings nur je ¼ der Mengen für Zucker und Essig verwenden und dafür 200 ml Apfelsaft zugeben, die Sultaninen weglassen. Die Gewürze im Ganzen in eine Gewürzkugel oder ein Gewürzsäckchen geben und nach Ende der Kochzeit entfernen (alternativ sehr fein mahlen). Die Masse mit dem Stabmixer pürieren, je nach gewünschter Konsistenz mehr Apfelsaft zugeben.
Zu Lamm, Wild oder Schweinebraten servieren.

PREISELBEER-CHUTNEY

Fruchtig, süß-herb und angenehm scharf

FÜR CA. 3 GLÄSER Á 230 ML

400 g **Zwiebeln**

3 EL **Rapsöl**

2 Gläser **Wildpreiselbeeren à 400 g (inkl. Flüssigkeit)**

½ TL **Salz**

4 EL **Zucker**

4 EL **Sambal oelek (siehe Seite 9)**

2 EL **Himbeeressig, ersatzweise Apfelessig**

1. Die Zwiebeln schälen und klein würfeln. Öl erhitzen und Zwiebelwürfel 5 Minuten glasig werden lassen. Preiselbeeren mit der Flüssigkeit sowie Salz, Zucker, Sambal oelek und Essig zugeben. Bei kräftiger Hitze in ca. 20 Minuten stark einkochen. In sterile Gläser füllen.

DAZU PASST DAS CHUTNEY:
- Wild, Wildgeflügel, Rindersteaks (z. B. Entrecôte), Leber
- Leberpastete, Prager Schinken, kalter Schinken- und Bratenaufschnitt
- Butterkäse, Bel Paese, reifer Brie

ES EIGNET SICH AUCH...
... als Beilage zu gegrilltem Fleisch und zu Fondues.
... für pikante Sandwiches.

TIPP
Frisch geriebenen Meerrettich unter das Chutney mischen und zu geräucherten Forellenfilets servieren.

WEITERE REZEPTIDEE:
Preiselbeer-Sauce
1 Glas Wildpreiselbeeren (inkl. Flüssigkeit) mit 2 EL Sambal oelek, ½–1 EL Zucker und ¼ TL Salz verrühren. Nach Belieben mit etwas Schalenabrieb von unbehandelten Bio-Orangen oder -Zitronen würzen.

SENF-**ROSINEN**

Fruchtig, süßlich mit mittlerer Schärfe

FÜR 3 GLÄSER À 230 ML

250 g **Sultaninen**

20 g **gelbe Senfkörner**

500 ml **Apfelsaft**

3 EL **Sherryessig**

50 g **Rohrzucker**

½ TL **Salz**

4–5 EL **Senfpulver**

2 EL **Dijonsenf**

1. Sultaninen waschen und abtropfen lassen. Die Sultaninen und Senfkörner im Apfelsaft 1–2 Stunden einweichen.

2. Aufkochen, Essig, Zucker und Salz zugeben, 30 Minuten köcheln lassen.

3. 4 EL Senfpulver einrühren. Unter Rühren sämig einkochen, dabei ständig rühren, weil die Masse leicht ansetzt.

4. Mit dem Stabmixer leicht pürieren, sodass etwa ein Drittel der Rosinen püriert ist und der Rest ganz bleibt.

5. Mit restlichem Senfpulver und Dijonsenf abschmecken. Nochmals kurz erhitzen und sofort in die vorbereiteten Gläser füllen.

DAZU PASSEN DIE SENF-ROSINEN:
- Käse, insbesondere deftige Sorten wie Romadur, Limburger, Tilsiter oder Harzer

ROTE-BETE-RELISH

Intensiv süßlich-sauer, dabei leicht herb und angenehm scharf. Unterschiedliche Konsistenzen von weich und kernig mit dem Frischeerlebnis der Granatapfelkerne.

FÜR 5–6 GLÄSER À 230 ML

250 g **rote Zwiebeln**

1 **Granatapfel**

500 g **Rote Bete / Randen, vorgegart (vakuumiert)**

100 g **Walnuss-/Baumnusskerne**

500 g **Kochäpfel, z. B. Boskoop**

3 EL **Rapsöl**

150 g **brauner Zucker**

100 ml **Granatapfelwürzsaft (siehe Seite 8)**

350 ml **Apfelsaft**

2 TL **Salz**

2 TL **getrockneter Thymian**

2 TL **Chiliflocken (siehe Seite 8)**

1. Die Zwiebeln schälen und ½ cm groß würfeln. Den Granatapfel quer anritzen, die Hälften auseinanderbrechen, die Kerne herauslösen und die bitteren Häutchen entfernen. Die roten Bete abgießen und in 1 cm große Würfel schneiden. Die Walnusskerne grob hacken. Die Äpfel schälen, vierteln, entkernen und in 1 cm große Stückchen schneiden.

2. Die Zwiebeln im Öl in fünf Minuten glasig anschwitzen. Die Äpfel dazugeben, etwa fünf Minuten unter Rühren mitbraten. Mit dem Zucker bestreuen und karamellisieren lassen, dabei ständig rühren. Granatapfelwürzsaft, Apfelsaft, Salz, Thymian und zunächst 1 TL Chiliflocken zugeben, etwa 40 Minuten kochen lassen.

3. Die Granatapfelkerne untermischen, nach Geschmack mit mehr Chili abschmecken. In die vorbereiteten Gläser füllen.

DAZU PASST DAS RELISH:
- Lammsteaks, Lammkoteletts und Lammhackbällchen
- Kaninchen, Schweinekotelett
- Gebackenes Wurzelgemüse oder Kürbis

ES EIGNET SICH AUCH …
… als Bestandteil einer Mezzetafel* (besonders mit Hummus).

WEITERE REZEPTIDEE:
Rote-Bete-Gemüse
Wie oben zubereiten, jedoch nur 2–3 EL Zucker und 2–3 EL Granatapfelwürzsaft verwenden. Etwa 20 Minuten köcheln.

* Als Mezze oder Meze werden orientalische und griechische Häppchen bezeichnet, die häufig als Vorspeisen gereicht werden.

TOMATEN-RELISH

Fruchtig-würzig, süßlich, scharf mit herben Tönen

FÜR 5 GLÄSER À 230 ML

200 g **getrocknete Tomaten**

125 g **Orangeat (aus halben Früchten)**

300 g **Zwiebeln**

3–4 **Knoblauchzehen**

50 g **Jalapeños (siehe Seite 8)**

2 Stiele **Rosmarin**

2 TL **braune Senfkörner**

3 EL **Olivenöl**

150 g **Zucker**

500 ml **Orangensaft**

150 ml **Aceto balsamico bianco (siehe Seite 7)**

400 g **Kirschtomaten**

2 TL **Cayennepulver**

1–1½ TL **Salz**

1. Die getrockneten Tomaten ca. 3 mm groß schneiden, das Orangeat ähnlich groß würfeln. Zwiebeln schälen und ebenfalls in ähnlich große Würfel schneiden. Knoblauch schälen und fein hacken. Die Jalapeños längs halbieren, entkernen und waschen, dann klein würfeln. Rosmarin abbrausen und trocken tupfen, die Nadeln abzupfen und sehr fein hacken.

2. Die Zwiebeln im Öl in fünf Minuten glasig anschwitzen. Die Senfkörner zugeben, unter Rühren ein bis zwei Minuten leicht anrösten. Knoblauch, getrocknete Tomaten sowie Orangeat zugeben und unter Rühren erhitzen. Mit dem Zucker bestreuen, weiterrühren und schmelzen lassen. Vorsichtig mit Orangensaft und Essig ablöschen. Aufkochen und ca. 25 Minuten kochen.

3. Inzwischen die Kirschtomaten waschen und grob hacken. Tomaten in das Relish geben, weitere 25 Minuten kochen, bis die Masse dicklich und weich ist. Jalapeños unterrühren, noch zwei bis drei Minuten kochen. Mit Cayenne und Salz abschmecken. In die vorbereiteten Gläser füllen.

DAZU PASST DAS RELISH:
- Grillfleisch, Spareribs, Frikadellen, Burger
- Mozzarella, Ziegenfrischkäse, Fetakäse
- Crostini, Sandwiches, Tramezzini

WEITERE REZEPTIDEE:
Tomaten-Sauce
Nur 1–2 EL Zucker und 1–2 EL Essig sowie 300 ml Orangensaft verwenden, dafür etwa 600 ml Tomatensaft zugeben. Nach Geschmack weniger Orangeat, dafür mehr getrocknete Tomaten verwenden. Insgesamt etwa 30 Minuten köcheln, dann mit dem Stabmixer nur kurz durchmixen, so dass die Sauce noch etwas stückig bleibt. Mit 1–2 EL Salzkapern (siehe Seite 9) und frischem Thymian würzen.
Diese Sauce passt besonders gut zu geschmortem Kaninchen.

TROCKENFRÜCHTE-CHUTNEY

Intensiv süßlich-würzig, wunderbar rund und komplex. Wattleseed sorgt für eine nussige Note.

FÜR 5 GLÄSER À 230 ML

500 g **gemischte Trockenfrüchte, möglichst „Softfrüchte" (Äpfel, Birnen, Pflaumen, Aprikosen)**

500 ml **Rotwein, z. B. Shiraz**

250 g **Gemüsezwiebel**

80 g **Ingwer**

100 g **Walnuss- / Baumnusskerne**

3 EL **Rapsöl**

300 g **Rohrohrzucker**

1 TL **Salz**

150 ml **Rotweinessig**

150 ml **roter Tawny-Portwein**

3 TL **Wattleseed (siehe Seite 9)**

2 TL **Chiliflocken (siehe Seite 8)**

1. Das Backobst ca. 3 mm groß würfeln und im Rotwein einweichen. Die Zwiebeln schälen und 5 mm groß würfeln. Den Ingwer schälen und in feine Scheiben hobeln, diese in Streifen und dann in Würfel schneiden. Die Walnusskerne grob hacken.

2. Die Zwiebeln im Öl in fünf Minuten glasig anschwitzen. Den Ingwer zugeben, drei Minuten mitgaren. Den Zucker darüberstreuen, schmelzen lassen und aufkochen. Die Backobst-Rotwein-Mischung, Salz, Essig und Portwein zugeben, 30–35 Minuten kochen lassen.

3. Wenn die Mischung eindickt, mit Wattleseed und Chili würzen. In die vorbereiteten Gläser füllen.

DAZU PASST DAS CHUTNEY:
- Wild-Terrinen oder Leberpaté
- Wildschweinschinken
- Wildschweinbraten, Rehrücken, Hirschgulasch
- Stilton, Blauschimmelkäse, Bergkäse, reifer Brie

ES EIGNET SICH AUCH …
… zum Verfeinern von Rotkohl und dunklen Rotweinsaucen.

WASSERMELONEN-SCHALEN-RELISH

Süß und fruchtig mit feiner Ingwerschärfe. Perfekte Resteverwertung der Schalen!

FÜR 4–5 GLÄSER À 230 ML

1 **Wassermelone** (1½–2 kg)

1½ EL **Salz**

50 g **Ingwer**

2 **unbehandelte Bio-Limetten**

1 **Bourbon-Vanillestange**

250 ml **Reisessig, Apfelessig oder Aceto balsamico bianco (siehe Seite 7)**

125 ml **Apfelsaft**

500 g **Rohrzucker**

4 **Gewürznelken**

1 **Zimtstange**

DAZU PASST DAS RELISH:
- Vanille- oder Schokoladeneis, Grieß-Flammerie, Milchreis, Panna cotta
- Ente, Hühnchen, Schinken

ES EIGNET SICH AUCH …
… als Ergänzung zu Fondue oder Raclette.

1. Die Wassermelone in Spalten schneiden, das Fruchtfleisch so von den Spalten lösen, dass noch 1 cm rotes Fleisch an den weißen bzw. hellgrünen Schalen haftet, insgesamt etwa 2–3 cm dick. Das rote Melonenfruchtfleisch anderweitig verwenden.

2. Die feste grüne Außenschale der Wassermelonenstücke abschälen, das helle Fruchtfleisch der Schalen würfeln und 700–800 g abwiegen. Mit dem Salz mischen, über Nacht stehen lassen.

3. Abbrausen, mit frischem Wasser ca. 15 Minuten köcheln und in einem Sieb abtropfen lassen.

4. Inzwischen den Ingwer schälen, in dünne Scheiben hobeln, diese in Streifen und dann in sehr kleine Würfel schneiden. Die Limetten heiß waschen und trocken reiben, die Schale abraspeln, den Saft auspressen. Die Vanillestange längs halbieren, das Mark auskratzen, die Stange in 3–4 cm große Stücke schneiden.

5. Essig, Apfelsaft und Zucker mit Ingwer, Limettensaft und -schale, Vanillemark und -stangenstücke, Nelken und der Zimtstange aufkochen, bis sich der Zucker gelöst hat.

6. Melonenwürfel zugeben und offen 50–60 Minuten köcheln, bis die Melonenstücke glasig sind und die Flüssigkeit siruppartig eingedickt ist. Einen Tag stehen lassen, dabei ab und zu umrühren.

7. Erneut aufkochen, in die vorbereiteten Gläser füllen, nicht auf den Kopf stellen, da der heiße Sirup zu flüssig ist!

ZITRONEN-RELISH

Sauer und leicht herb, sehr frisch!

FÜR 4 GLÄSER À 230 ML

700 g **Zitronen, davon 3 unbehandelte Bio-Zitronen**

400 g **kleine Zwiebeln**

5–6 **Knoblauchzehen, möglichst von jungem, saftigem Knoblauch**

4 EL **Olivenöl**

300 g **Zucker**

300 ml **klarer Apfelsaft**

2 TL **Salz**

4 kleine **Lorbeerblätter, möglichst frisch**

2 TL **Zitronenmyrte (siehe Seite 9)**

1. Die Bio-Zitronen heiß waschen und trocken reiben, die Schale dünn mit dem Sparschäler in Streifen abziehen, sodass nichts Weißes mitkommt. Die Schalen quer in dünne Streifen schneiden. Anschließend alle Zitronen so schälen, dass nur noch das reine Fruchtfleisch ohne weiße Häutchen übrig bleibt. Die Zitronen längs vierteln, dann in Scheiben schneiden und die Kerne dabei entfernen.

2. Die Zwiebeln schälen, längs halbieren und quer in dünne Streifen („Halbringe") schneiden. Den Knoblauch schälen und hacken.

3. Die Zwiebeln im Öl fünf Minuten glasig anschwitzen. Knoblauch ein bis zwei Minuten mitbraten. Den Zucker zugeben und schmelzen, aber nicht karamellisieren lassen. Apfelsaft, Salz und Lorbeer hinzufügen, aufkochen und 35–40 Minuten kochen. Zum Schluss die Zitronenmyrte untermischen. In die vorbereiteten Gläser füllen.

DAZU PASST DAS RELISH:
- Grillfisch wie Rotbarbe oder Sardinen
- Roher Lachs oder Räucherlachs
- Gratinierte Muscheln
- Tintenfisch, Garnelen, Jacobsmuscheln
- Hähnchenbrustfilet

ES EIGNET SICH AUCH …
… klein gehackt in Couscous oder Risotto als Beilage zu Fisch.

ZUCCHINI-RELISH

Schöner Kontrast von weichem Gemüse und knackigen Mandelkernen

FÜR 4 GLÄSER À 230 ML

100 g **Mandelkerne**

600 g **kleine feste Zucchini**

250 g **rote Zwiebeln**

6 **Knoblauchzehen, möglichst von jungem, saftigem Knoblauch**

3 EL **Rapsöl**

150 g **Zucker**

2 TL **Salz**

100 ml **Apfelessig**

100 ml **Apfelbalsamessig (siehe Seite 8)**

2 TL **getrockneter grüner Pfeffer**

2 TL **Chiliflocken (siehe Seite 8)**

1. Die Mandeln mit kochendem Wasser überbrühen, fünf Minuten stehen lassen und auf ein Sieb schütten. Nochmals mit kochendem Wasser übergießen. Nach weiteren fünf Minuten lassen sich die Mandeln leicht aus den Häuten drücken.

2. Anschließend die Mandeln – wenn möglich – mehrere Stunden oder über Nacht in kaltem Wasser einweichen. Sie werden dadurch etwas weicher, im Geschmack frischer und die Hälften lösen sich leicht voneinander.

3. Die Zucchini waschen und quer – entsprechend des Durchmessers – mit einer Mandoline oder einem V-Hobel mit Einsatz für Streifen in 5 mm dicke Stifte hobeln. Die Zwiebeln schälen und in ca. 5 mm große Würfel schneiden. Die Knoblauchzehen schälen und hacken.

4. Die Zwiebeln im Öl in ca. fünf Minuten glasig anschwitzen. Knoblauch zwei Minuten mitbraten. Mit dem Zucker bestreuen, unter Rühren schmelzen lassen. Salzen. Zucchini zugeben, drei Minuten unter Rühren mitgaren, mit beiden Essigen ablöschen. Aufkochen und sechs bis sieben Minuten kochen, bis die Zucchini weich sind, aber noch etwas Biss haben.

5. Zucchini in ein Sieb schütten, den Sud auffangen und erneut aufkochen. Bei großer Hitze stark einkochen. Mandeln hinzufügen, den Pfeffer im Mörser zerstoßen und mit den Chiliflocken zugeben. Die gegarten Zucchini kurz darin erhitzen und in die vorbereiteten Gläser füllen.

DAZU PASST DAS RELISH:
- Grillfisch, Grillfleisch
- Mediterrane Antipasti
- Gegrillter Halloumi, frischer oder gebackener Fetakäse, Mozzarella

WEITERE REZEPTIDEE:

Zucchini-Salat

Aus 2 EL Apfelbalsamessig, Salz, Pfeffer und 3–4 EL Olivenöl eine Vinaigrette rühren. Die Zwiebeln schälen, längs halbieren und in dünne Halbringe schneiden. Knoblauch schälen und fein hacken. Die Zucchini in dünne Scheiben hobeln. Die Zwiebeln in 2 EL Olivenöl glasig anschwitzen, Knoblauch eine Minute mitbraten, Zucchinischeiben unter Rühren drei bis vier Minuten mitgaren. Aus der Pfanne nehmen, salzen, pfeffern und mit der Vinaigrette begießen. Etwas durchziehen lassen, die Mandeln untermischen und mit frischer Minze bestreuen. Lauwarm oder kalt servieren.

ROTE HONIG-**ZWIEBELN**

Intensiv würzig, angenehm scharf

FÜR CA. 4 GLÄSCHEN À 230 ML

1 kg **kleine rote Zwiebeln**

2 **Bourbon-Vanillestangen**

5 EL **Rapsöl**

300 g **Akazienhonig**

150–180 ml **Granatapfelwürzsaft (siehe Seite 8)**

1 TL **Salz**

ca. 2 EL **Langpfeffer, frisch gemahlen (siehe Seite 8)**

1. Die Zwiebeln schälen, längs halbieren und in Streifen schneiden. Die Vanillestangen längs halbieren, das Mark herauskratzen und die Stangen quer dritteln.

2. Die Zwiebeln im Öl fünf bis sieben Minuten glasig anschwitzen. Honig, Vanillemark und ausgekratzte Vanillestangenstücke und zunächst 150 ml Granatapfelwürzsaft zugeben. Aufkochen und in ca. 20 Minuten dickflüssig einkochen.

3. Mit Salz und Langpfeffer würzen. Nach Geschmack noch etwas mehr Granatapfelwürzsaft zugeben.

DAZU PASSEN DIE ZWIEBELN:
- Schweinemedaillons, Rindermedaillons, Kalbsbäckchen, Entenbrust
- Terrinen und Pasteten, Frikadellen, Kalbsleber, Leberpastete
- Kräftige Käse wie Chaumes, Limburger, Gorgonzola, Taleggio, reifer Cheddar, uralter Gouda, Bergkäse

WEITERE REZEPTIDEE:
Safran-Honig-Zwiebeln
1 kg kleine weiße Zwiebeln wie oben in dünne Streifen schneiden.
1 TL Safranfäden mit 1 TL Zucker im Mörser zerreiben, mit 2 EL Wasser mischen und ziehen lassen. Zwiebeln mit 5 EL Rapsöl andünsten.
300 g Akazienhonig, 150 ml Reisessig und 150 ml Orangensaft zugeben und aufkochen. Nach zehn Minuten die Safranflüssigkeit zugießen. Weiterkochen, bis die Flüssigkeit eindickt. Mit Salz und Cayennepulver würzen.
Mit Frischkäse, Ziegenfrischkäse oder Hähnchenbrust anrichten.

REZEPTVERZEICHNIS

Ananas-Chutney 10
Ananas-Salsa 11
Auberginen-Chutney mit Trocken-
  pflaumen und Walnüssen 12
Auberginen-Gemüse 12

❀

Bananen-Chutney 14
Bananen-Salsa 15
Baumnuss-Trockenpflaumen-
  Chutney mit Auberginen 12
Birnen, eingelegt, mit Safran 16
Birnen-Schalotten-Gemüse 16
Blaubeer-Chutney 19
Blaubeer-Sauce zu Wild 19

❀

Cassis-Chutney 20
Chili-jalapeño-Relish 28
Chili-jalapeño-Salsa 29

❀

Dattel-Möhren-Relish mit Ingwer 42

❀

Erdbeer-Chutney 23
Erdbeer-Salsa 22
Esskastanien-Chutney 38
Esskastanien-Gemüse 38

Gemüsepaprika-Relish 48
Gurken-Relish 24
Gurken-Salat, fruchtig 24

❀

Honig-Zwiebeln, rot 69

❀

Ingwer in Apfelsirup 26
Ingwer-Möhren-Relish mit Datteln 42

❀

Jalapeño-Relish 28
Jalapeño-Salsa 29
Johannisbeeren-Chutney 20

❀

Kapern-Korinthen-Chutney 30
Kokos-Limetten-Chutney 35
Kokos-Limetten-Chutney, frisch 34
Korinthen-Kapern-Chutney 30
Kürbis-Gemüse 33
Kürbis-Relish 33

❀

Limetten-Kokos-Chutney 35
Limetten-Kokos-Chutney, frisch 34

Mango-Chutney 37
Mango-Salat, pikant 36
Maronen-Chutney 38
Maronen-Gemüse 38
Melonen-Chutney 40
Melonen-Salsa 41
Möhren-Ingwer-Gemüse 43
Möhren-Relish mit Ingwer
  und Datteln 42

Oliven-Relish 44
Oliven-Salat 45
Orangenzesten in Vanillesirup 47

Paprika-Gemüse 48
Paprika-Relish, rot 48
Peperonata 48
Pflaumen-Chutney 50
Pflaumen-Sauce 50
Preiselbeer-Chutney 53
Preiselbeer-Sauce 53

Randen-Gemüse 56
Randen-Relish 56
Rosinen-Senf 55
Rote-Bete-Gemüse 56
Rote-Bete-Relish 56

Safran-Birnen 16
Safran-Honig-Zwiebeln 69
Schalotten-Birnen-Gemüse 16
Senf-Rosinen 55

Tomaten-Relish 58
Tomaten-Sauce 59
Trockenfrüchte-Chutney 60
Trockenpflaumen-Walnuss-
  Chutney mit Auberginen 12

Vanillesirup mit Orangenzesten 47

Walnuss-Trockenpflaumen-Chutney
  mit Auberginen 12
Wassermelonen-Schalen-Relish 63
Wildsauce mit Blaubeeren 19

Zitronen-Relish 65
Zucchini-Relish 66
Zucchini-Salat 67
Zwiebel-Konfitüre mit Honig 69

MEHR BÜCHER FÜR GENIESSER

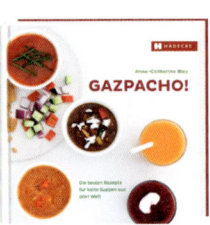